BEI GRIN MACHT SICH
WISSEN BEZAHLT

- Wir veröffentlichen Ihre Hausarbeit,
  Bachelor- und Masterarbeit

- Ihr eigenes eBook und Buch -
  weltweit in allen wichtigen Shops

- Verdienen Sie an jedem Verkauf

Jetzt bei www.GRIN.com hochladen
und kostenlos publizieren

Bibliografische Information der Deutschen Nationalbibliothek:

Die Deutsche Bibliothek verzeichnet diese Publikation in der Deutschen National-bibliografie; detaillierte bibliografische Daten sind im Internet über http://dnb.d-nb.de/ abrufbar.

Impressum:

Copyright © 2017 GRIN Verlag
Druck und Bindung: Books on Demand GmbH, Norderstedt Germany
ISBN: 9783668661219

Dieses Buch bei GRIN:

https://www.grin.com/document/416060

Jeannine Holert

Nutzen von ERP-Systemen

Welche Nutzungsmöglichkeiten bieten ERP-Systeme den Unternehmen und wie kann es sie erfolgreich unterstützen?

GRIN Verlag

GRIN - Your knowledge has value

Der GRIN Verlag publiziert seit 1998 wissenschaftliche Arbeiten von Studenten, Hochschullehrern und anderen Akademikern als eBook und gedrucktes Buch. Die Verlagswebsite www.grin.com ist die ideale Plattform zur Veröffentlichung von Hausarbeiten, Abschlussarbeiten, wissenschaftlichen Aufsätzen, Dissertationen und Fachbüchern.

Besuchen Sie uns im Internet:

http://www.grin.com/

http://www.facebook.com/grincom

http://www.twitter.com/grin_com

NBS Northern Business School
Grundlagen SAP

WiSe 2016

Nutzen von ERP-Systemen

Jeannine Holert

Abgabedatum: 28.02.2017

Inhaltsverzeichnis

Abkürzungsverzeichnis

Bspw.	Beispielsweise
bzw.	beziehungsweise
d. h.	das heißt
EDV	Elektronische Datenverarbeitung
ERP	Enterprise Resource Planning
etc.	et cetera
IT	Informationstechnik
KMU	Kleine und mittelständische Unternehmen
usw.	und so weiter
vgl.	vergleiche
z. B.	zum Beispiel

1. Einleitung

1.1 Aufgabenstellung

Die Hausarbeit befasst sich mit dem Thema von ERP-Systemen, sowie der dazugehöri-
gen Aufgabenstellung „Nutzen von ERP-Systemen". Der Autor hat dieses Thema ge-
wählt, da die Digitalisierung stetig voranschreitet und insbesondere beim Mittelstand
nach wie vor der Größte Modernisierungsbedarf im Bereich IT-Systeme besteht. Durch
die ansteigende Globalisierung des Marktes und die immer größer werdende Konkurrenz müssen Unternehmen gezwungenermaßen ihre Unternehmensprozesse besser
optimieren und die Zusammenarbeit zwischen den einzelnen Abteilungen fokussieren.
Um diesem Ziel ein Stück näher zu kommen, benötigt es einer perfekten Abstimmung
des Informationsflusses und der Arbeitsabläufe miteinander.[1] Solche Bedingungen er-
fordern leistungsfähige Computersysteme, die Informationen und Daten aus vielen unterschiedlichen Funktionsbereichen und Organisationseinheiten zusammenführen und
die Aktivitäten des Unternehmens mit denen von Lieferanten und weiteren Geschäfts-
partnern koordinieren können.[2] Um dies erfolgreich umzusetzen, steht für viele KMU mit
dem Blick auf das Themengebiet ERP der nächste Investitionszyklus an. Die darauf ba-
sierende Leitthese für diese wissenschaftliche Arbeit lautet „Welche Nutzungsmöglichkeiten bieten ERP-Systeme den Unternehmen und wie kann es sie erfolgreich unterstützen?"

Aus heutiger Sicht ist ein ERP-System kaum mehr aus der Infrastruktur eines global
tätigen Unternehmens wegzudenken. Würden diese bereichsübergreifenden Pro-
gramme nicht existieren, wäre nahezu jede Abteilung dazu gezwungen mit einem eigenen Softwaresystem zu arbeiten, wodurch ein abteilungsübergreifendes planen, interagieren und überwachen fast unmöglich wäre.[3] Dies hätte hohe Kosten zur Folge und
würde zusätzlich den Unternehmensfortschritt enorm verlangsamen.

Das Ziel dieser Arbeit ist es, dem Leser einen möglichst genauen und übersichtlichen
Eindruck von den Nutzungsmöglichkeiten und der damit einhergehenden Unterstützung
für Unternehmen, mittels von ERP-Systemen, zu verschaffen. Hinzu dient eine Übersicht
von Vor- und Nachteilen der vereinfachten Darstellung. Des Weiteren soll geklärt werden, welche Kosten und Probleme bei der Einführung eines ERP-Projekts entstehen

---

[1] Vgl. Laudon Kenneth C., Laudon Jane P., Schoder Detlef: Wirtschaftsinformatik – Eine Einführung, 2. Aktualisierte
Auflage, München 2010, S.479
[2] Vgl. Laudon Kenneth C., Laudon Jane P., Schoder Detlef: Wirtschaftsinformatik – Eine Einführung, 2. Aktualisierte
Auflage, München 2010, S.98
[3] Vgl. Breitenlechner Teresa, Rieser Manuela, Witting Simone: Merkmale eines ERP-Systems, auf erpge.word-
press.com, 20.02.2017, 11.57 Uhr, https://erpge.wordpress.com/2-erp-systeme/2-2-merkmale/

können und wie das Unternehmen diese frühzeitig umgehen kann. Denn viele ERP-Projekte scheitern durch unterschiedliche Ursachen. Und nur das Unternehmen, welches die wichtigsten Hindernisse erkennt, kann rechtzeitig dagegen steuern und entsprechende Maßnahmen einleiten, um ein Scheitern zu verhindern.

Zur Verbesserung der Lesbarkeit wird auf die Unterteilung von männlicher und weiblicher Bezeichnung verzichtet. Wenn u. a. von Mitarbeitern, Arbeitnehmern, Arbeitgebern, Beschäftigten etc. gesprochen wird, sind damit sowohl männliche, als auch weibliche Personen gemeint.

1.2 Aufbau der Arbeit

Zum Beginn der Hausarbeit wird im Grundlagenteil expliziert erläutert, was sich hinter dem Begriff ERP verbirgt und wie ERP-Systeme funktionieren. Zusätzlich wird näher darauf eingegangen, worin sie sich unterscheiden und welche primären Funktionen moderne ERP-Systeme besitzen. Anschließend wird kurz auf die historische Entwicklung von ERP eingegangen und das Kapitel 2 schließt daraufhin mit einer Übersicht von Vor- und Nachteilen ab.

Im darauffolgenden Kapitel 3 geht es um den Nutzen von ERP-Systemen und wie die Software Unternehmen im Arbeitsalltag unterstützen kann. Um dies dem Leser genauer darstellen zu können, wird im Kapitel 3.2 der Ablauf des Beschaffungsprozesses dargestellt. Fortführend werden die wesentlichen Aspekte für die Einführung einer ERP-Software detailliert erläutert. Die Einführung eines ERP-Systems erfordert schon im Voraus eine weitreichende und gründliche Prozessanalyse, sowie wie eine gut geplante Kostenkalkulation, denn Kosten entstehen schon im Vorfeld einer Entscheidung.

U. a. wird hierbei auf die folgenden drei Fragen eingegangen: „Welche kurz- und langfristigen Kosten kommen auf das Unternehmen zu?", „Woran könnte das Projekt scheitern?" und „Wie treffe ich die Auswahl für ein geeignetes ERP-System?". In der ersten Frage wird aufgeschlüsselt welche internen, externen und eventuell versteckten Kosten auf das Unternehmen zukommen könnten. Die Antwort auf die nächste Frage wird sich darauf konzentrieren, wie das Scheitern des Projekts verhindert werden kann. Die Antwort der dritten und letzten Frage beschäftigt sich mit der individuellen Bedarfsermittlung und dem daraus entstehenden Lastenheft, sowie der erfolgreichen Anbieterauswahl und welche wesentlichen Fragen hierbei im Vorfeld beachtet werden sollten. Die Arbeit schließt mit einer Schlussbetrachtung, zusammengefasst aus Fazit und Ausblick, ab.

Zum Anfang der wissenschaftlichen Arbeit hat sich der Autor im Internet über diverse Bücher einen groben Einblick in das Thema verschafft. Um die Grundlagen und den Nutzen von ERP zu verfassen, wurden umfangreiche Quellen genutzt, um eine sinnvolle

Gliederung aufzustellen. Darauffolgend wurde die Themensuche, passend zu den Glie-
derpunkten, eingegrenzt und optimiert. Schlussendlich ist es dem Autor möglich, die
Auswertung der Arbeit genauer zu interpretieren und ein Fazit, sowie einen Ausblick, auf
Grundlage der Übersicht und der Nutzung von ERP-Systemen zu verfassen. Für die
allgemeinen theoretischen Grundlagen zur Nutzung von ERP-Systemen, wurden insge-
samt sieben Buchquellen verwendet. Im speziellen gibt es wenig aktuelle Bücher zu diesem Thema, weshalb mehrere Artikel aus dem Internet hinzugezogen wurden. Bei der
Suche sind häufig Schlagwörter wie „Nutzen und Nutzungsmöglichkeiten von ERP-Systemen", „Kosten von ERP-Software" und „Auswahlverfahren von ERP-Systemen" genutzt worden.

2. Grundlagen zum Thema ERP-Systeme

2.1 Was ist ein ERP-System?

Die Abkürzung ERP steht für Enterprise Resource Planning und lässt sich als Planung
der Unternehmensressourcen ins Deutsche übersetzen.[4] Ein ERP-System ist die zent-
rale Software in einem Unternehmen, welche der Planung aller unternehmerischen Vorgänge dient und somit alle Beteiligten gleichzeitig entlastet und unterstützt.

Unter der ERP-Software wird ein Computerprogramm verstanden, mit der sich alle Bereiche innerhalb des Unternehmens planerisch erfassen und verwalten lassen.[5] Ziel von
ERP-Systemen ist es somit, die organisatorischen Abläufe und Strukturen zu verbessern
und eine schnellere, sowie flexiblere Anpassungsfähigkeit an Unternehmens- und Markt-
veränderungen zu gewährleisten. Darauf basierend können alle Geschäftsprozesse op-
timal eingesetzt, gestaltet und gesteuert werden.[6] Auf diese Weise können unter anderem Engpässe schneller festgestellt werden und die Reaktionszeit bei aufkommenden
Problemen verkürzt werden.[7] Außerdem hilft es der Geschäftsleitung dabei, den Überblick über vorhandene Ressourcen und Geschäftsprozesse zu behalten[8] und kann sie
bei Entscheidungen unterstützten, welche Produkte bspw. am meisten
oder am wenigsten Gewinn erzielen.[9]

---

[4] Vgl. o.V.: WAS IST EIN ERP-SYSTEM?, auf erp-software-auswahl.de, 06.02.2017, 11.26 Uhr, http://www.erp-soft-ware-auswahl.de/was-ist-ein-erp-system/
[5] Vgl. o.V.: ERP Systeme – Vorteile und Nachteile, auf informationsmanagement.wordpress.com, 21.02.2017, 11.49 Uhr, https://informationsmanagement.wordpress.com/2012/02/28/erp-systeme-vorteile-und-nachteile/
[6] Vgl. o.V.: Wozu benötigt man ein ERP-System?, auf erp-system.de, 06.02.2017, 11.39 Uhr, http://www.erp-system.de/
[7] Vgl. Breitenlechner Teresa, Rieser Manuela, Witting Simone: ERP-System, auf erpge.wordpress.com, 20.02.2017 11.56 Uhr, https://erpge.wordpress.com/2-erp-systeme/
[8] Vgl. Laudon Kenneth C., Laudon Jane P., Schoder Detlef: Wirtschaftsinformatik – Eine Einführung, 2. Aktualisierte Auflage, München 2010, S.482 f.
[9] Vgl. Laudon Kenneth C., Laudon Jane P., Schoder Detlef: Wirtschaftsinformatik – Eine Einführung, 2. Aktualisierte Auflage, München 2010, S.489

ERP-Systeme unterscheiden sich hauptsächlich nach dem Wirtschaftszweig der jeweiligen Branche. Dazu zählen bspw. Unternehmen mit Fokus auf die Produktion (Automo-
bilindustrie, Stahlindustrie etc.) oder Dienstleistung (Handel, Versicherungen, Banken
etc.). Des Weiteren wird nach der Skalierbarkeit auf unterschiedliche Unternehmensgrö-
ßen geachtet, d.h. es richtet sich nach der Anzahl der Unternehmensstandorte oder Anzahl der gewünschten Benutzer. Zusätzlich wird zwischen dem angebotenen Funktion-
sumfang, welcher unterstützt werden soll, unterschieden. Meist bestimmt die Größe des
Unternehmens über die Anforderungen. Es stellt sich für die Anbieter also die Frage, wie
umfangreich das System sein muss und welche Technologien (Datenbanken, Betriebs-
system, Programmiersprachen etc.) hierfür zum Einsatz kommen.

Moderne ERP-Systeme enthalten unter anderem die folgenden primären Funktionen,
welche gemeinsam angewandt werden, um eine exakte Unternehmenskoordination und
-steuerung zu realisieren: Materialwirtschaft, Bedarfsermittlung, Produktionsplanung
und -steuerung, Finanz- und Rechnungswesen, Personalwirtschaft, Forschung und Entwicklung, Stammdatenverwaltung, Marketing und Controlling.[10]

Über diese zahlreichen Funktionen werden Daten aus allen Abteilungen und Bereichen
gewonnen und werden automatisch über eine gemeinsame Datenbasis miteinander ver-
knüpft.[11] Bspw. muss bei der Materialbedarfsplanung sichergestellt werden, dass alle für
die Herstellung bzw. Produktion erforderlichen Materialien an der richtigen Stelle, zur
richtigen Zeit und in der richtigen Menge zur Verfügung stehen. Diese Aufgabe ist z. B.
bei einer Just-in-time Produktion nur noch mit Hilfe von solchen IT-Systemen, unter Vo-
raussetzung einer modernen und funktionierenden Kommunikation innerhalb des Unternehmens, zu bewerkstelligen.

Auch die Einkaufsabteilung nutzt das ERP-System, indem es das integrierte Lagerver-
waltungsmodul anwendet, um die Vorräte zu verwalten und zu kontrollieren.[12] Die Ver-
kaufsabteilung hingegen erstellt mit Hilfe des IT-Programms ihre Angebote und verarbeitet die Bestellungen. Wenn ein Vertreter bspw. einen Auftrag für Fahrräder eingibt,
überprüft das System die Kreditgrenze für den Kunden, plant automatisch die Lieferung
ein, legt die schnellste und beste Route fest und reserviert die erforderlichen Artikel im
Lager. Falls der Lagerbestand nicht ausreichend gedeckt ist, um den Auftrag zu erledi-

---

[10] Vgl. Laudon Kenneth C., Laudon Jane P., Schoder Detlef: Wirtschaftsinformatik – Eine Einführung, 2. Aktualisierte
Auflage, München 2010, S.486
[11] Vgl. Laudon Kenneth C., Laudon Jane P., Schoder Detlef: Wirtschaftsinformatik – Eine Einführung, 2. Aktualisierte
Auflage, München 2010, S.485
[12] Vgl. Laudon Kenneth C., Laudon Jane P., Schoder Detlef: Wirtschaftsinformatik – Eine Einführung, 2. Aktualisierte
Auflage, München 2010, S.479

gen, plant das System die Herstellung weiterer Fahrräder ein und bestellt die dafür benötigten Materialien.[13] Die Verkaufs- und Produktionsvorhersagen werden unmittelbar aktualisiert.[14]

In der Produktionsabteilung, wird ebenfalls mit Hilfe des ausgewählten ERP-Systems die Fertigung geplant und auch die Personalabteilung nutzt dieses System für die Human Resources[15]. Die Buchhaltung greift auf die vorhandene Finanzbuchhaltung zu und alle diese Vorgänge und noch viele weitere, werden dann, wie oben bereits erwähnt, von dem ERP-System erfasst und miteinander verzahnt.[16]

ERP-Systeme zeichnen sich unter anderem auch in den Bereichen der Internationalität, Flexibilität sowie der Branchenneutralität aus.[17] Mit Hilfe eines ERP-Systems können vor allem international tätige Unternehmen häufig aufkommenden Problemstellungen im Ausland, wie bspw. die sprachlichen und gesetzlichen Barrieren, mindern.[18] Hierdurch wird ein globales interagieren ermöglicht bzw. vereinfacht. Ein weiterer großer Vorteil von ERP-Systemen liegt in ihrer Flexibilität.[19] Diese zeichnet sich durch die hohe Skalierbarkeit aus. Das bedeutet, dass eine Veränderung bspw. in der Unternehmensgröße oder in Tätigkeitsbereichen kaum eine merkliche Auswirkung auf diese IT-Systeme hat.[20] D. h. nur wenn die Software erweiterbar ist, also eine Skalierbarkeit aufweist, ist sie für Unternehmen mit geplantem Wachstum geeignet.[21]

Bei der Anschaffung eines ERP-Systems ist es für den Käufer von großer Bedeutung, dass sich das Programm perfekt den eigenen Unternehmensprozessen anpasst. Deshalb werden ERP-Systeme branchenneutral entwickelt und ungefähr 80% aller Geschäftsprozesse, wie z. B. im Rechnungswesen oder in der Personalabteilung, laufen in jedem Unternehmen gleich ab. Zum Teil gibt es sogar gesetzliche Vorgaben, sodass ein bestimmter Ablauf vorgeschrieben ist, wie bspw. bei der Qualitätssicherung. Somit müssen nunmehr 20% der Prozesse an die gewünschte Branche angepasst bzw. umprogrammiert werden.[22]

[13] Vgl. Thesmann Stephan, Burkard Werner: Wirtschaftsinformatik für Dummies, 1. Auflage, Weinheim 2015 S. 128
[14] Vgl. Laudon Kenneth C., Laudon Jane P., Schoder Detlef: Wirtschaftsinformatik – Eine Einführung, 2. Aktualisierte Auflage, München 2010, S.485
[15] Personalmanagement
[16] Vgl. http://www.erp-software-auswahl.de/was-ist-ein-erp-system/ (Stand: 06.02.2017, 11.26 Uhr)
[17] Vgl. https://erpge.wordpress.com/2-erp-systeme/2-2-merkmale/ (Stand: 20.02.2017, 11.57 Uhr)
[18] Vgl. o.V.: Schritt für Schritt zur passenden ERP-Lösung, auf sage.de, 06.02.2017, 11.36 Uhr, http://www.sage.de/~/media/markets/de/products/sage-x3/whitepaper_softwareauswahl.pdf?la=de
[19] Vgl. http://www.sage.de/~/media/markets/de/products/sage-x3/whitepaper_softwareauswahl.pdf?la=de (Stand: 06.02.2017, 11.36 Uhr)
[20] Vgl. https://erpge.wordpress.com/2-erp-systeme/2-2-merkmale/ (Stand: 20.02.2017, 11.57 Uhr)
[21] Vgl. http://www.sage.de/~/media/markets/de/products/sage-x3/whitepaper_softwareauswahl.pdf?la=de (Stand: 06.02.2017, 11.36 Uhr)
[22] Vgl. Breitenlechner Teresa, Rieser Manuela, Witting Simone: Merkmale eines ERP-Systems, auf erpge.wordpress.com, 20.02.2017, 11.57 Uhr, https://erpge.wordpress.com/2-erp-systeme/2-2-merkmale/

Darüber hinaus bieten viele ERP-Systeme weitere Anwendungen in angrenzenden Bereiche an, wie bspw. Dokumentenmanagement, Service Management, Customer Relationhsip Management[23] und E-Business[24]. Dadurch ist die Planung und Verwaltung der Prozesse über sämtliche Unternehmensebenen möglich – egal ob es sich dabei um verschiedene Abteilungen oder Unternehmensstandorte[25] handelt.[26] Solche komplexeren ERP-Systeme werden häufig in Teil-Systeme aufgespalten, die je nach Unternehmensbedarf miteinander kombiniert werden können.

Benutzer können sich jederzeit in das ERP-System mit ihren Anmeldedaten einloggen und die benötigten Dokumente nutzen und bearbeiten.[27] Selbstverständlich können Zugriffsrechte eingeschränkte werden, sodass nicht jeder Mitarbeiter auf alle Bereiche und Daten Zugriff hat. Den unterschiedlichen Abteilungen stehen meist nur ihre fachbezogenen Teilbereiche zu Verfügung. Hierdurch soll vermieden werden, dass Mitarbeiter ausversehen oder absichtlich Dokumente und Dateien löschen oder verändern.

Das Management kann jederzeit Informationen über den Betrieb des Unternehmens erhalten. Das ERP-System kann auch unternehmensweite Daten für Managementanalysen erstellen, für bspw. Produktkosten oder die aktuelle Ertragslage.

2.2 Die historische Entwicklung des ERP-Systems

Der Begriff ERP wurde von Gartner geprägt. Gartner ist ein bekannter Anbieter, der Marktforschungsergebnisse und Analysen über die Entwicklungen in der IT anbietet.[28] Ursprünglich wurden ERP-Systeme in großen internationalen Konzernen wie Industrieunternehmen angewendet, da diese Unternehmen bestimmte Voraussetzungen erfüllten. Bspw. besaßen diese eine hoch entwickelte IT-Infrastruktur, innerhalb derer die neuen Systeme eingesetzt werden konnte. Zusätzlich interessierten sich Großkonzerne sehr für eine neue Art der Standarisierung ihrer Geschäftsprozesse und sie besaßen außerdem die nötigen finanziellen Mittel und das erforderliche Fachpersonal, um das neue System vernünftig zu betreuen.

---

[23] Customer Relationship Management (CRM) wird auch als Kundenbeziehungsmanagement oder Kundenpflege bezeichnet. CRM ist eine Entscheidung in der strategischen Ausrichtung eines Unternehmens und beeinflusst alle Kundenprozesse. Ziel ist es, auch bei einer hohen Kundenanzahl auf die individuellen und persönlichen Bedürfnisse eines jeden Kunden einzugehen und somit guten Service zu leisten.
[24] E-Business bezeichnet alle Vorgänge, die einem Geschäfte über das Internet abgewickelt werden.
[25] Bspw. Tochtergesellschaften
[26] Vgl. o.V.: Was ist ERP?, auf softselect.de, 06.02.2017, 11.41 Uhr, http://www.softselect.de/wissenspool/was-ist-erp
[27] Vgl. Laudon Kenneth C., Laudon Jane P., Schoder Detlef: Wirtschaftsinformatik – Eine Einführung, 2. Aktualisierte Auflage, München 2010, S.485
[28] Vgl. http://www.erp-system.de/ (Stand: 06.02.2017, 11.39 Uhr)

Im Laufe des letzten Jahrzehntes hat sich die Vielfalt und Nutzung allerdings erheblich verändert. Heutzutage werden ERP-Systeme zur Vereinfachung des Arbeitsalltages sowohl in Klein-, Mittel- und Großunternehmen eingesetzt.[29] Die einzelnen Funktionsbereiche eines Unternehmens wie Vertrieb, Material- oder Personalwirtschaft wurden lange Zeit getrennt voneinander betrieben und durch sogenannte Insellösungen[30] unterstützt. Das Problem lag darin, dass einzelne Abteilungen voneinander getrennt gearbeitet haben und kaum untereinander kommuniziert wurde, wodurch nicht selten Undurchsichtigkeiten zustande gekommen sind.[31]

Die Entstehung von ERP-Systemen reicht bis in die 1970 Jahre zurück. Die allererste ERP-Lösung unterstützte nur den Bereich der Materialbedarfsplanung und wurde auch als Material Requirements Planning oder kurz MRP bezeichnet. Bei diesem System handelt es sich um eine einfache und standardisierte Inventarverwaltung zur Planung von Einkauf und Produktion, damit die in Auftrag gegebenen Waren fristgerecht fertiggestellt werden konnten. Diese Funktion wurde zehn Jahre später auf die Bereiche Verkauf und Marketing erweitert. In Verbindung mit dem ersten System, wurde das zweite System unter dem Namen MRP II[32] bekannt.[33] Diese beiden Vorgänger dienten als Grundlage für die Weiterentwicklung Richtung moderner ERP-Systeme.

Durch die Integration zahlreicher Anwendungsbereiche entstand daraufhin in den 1980 Jahren das erste ERP-System. Der große Vorteil gegenüber den Vorgängern besteht darin, dass nicht nur alle elektronischen Unternehmensbereiche abgedeckt, sondern dass diese zusätzlich untereinander vernetzt werden. Das Programm ist somit nicht nur auf den industriellen Einsatz beschränkt, sondern ist auch unabhängig vom Wirtschaftszweig einsetzbar.[34]

Als der ERP-System Markt nun bei den großen Konzernen gesättigt war, begannen die Anbieter von ERP nach Möglichkeiten zu suchen, wie sie ihre Produkte auch für kleinere Unternehmen interessant machen und somit ihren Kundenstamm erweitern konnten. Seither wurden die ERP-Systeme laufend modernisiert und stetig weiterentwickelt und den ERP Anbietern gelangt der Durchbruch auch in dem klein und mittelständischen Bereich.[35]

---

[29] Vgl. Ortner Markus: Ratgeber ERP-System, auf scopevisio.com, 21.02.2017, 11.51 Uhr, https://www.scopevisio.com/ratgeber/erp-software/erp-system/
[30] Als Insellösung werden technische Systeme bezeichnet, die nur innerhalb ihrer eigenen Grenzen wirksam sind und nicht mit ähnlichen oder verwandten Systemen kompatibel sind.
[31] Vgl. http://www.erp-system.de/ (Stand: 06.02.2017, 11.39 Uhr)
[32] Manufacturing Resource Planning
[33] Vgl. Kurbel Karl: Produktionsplanung und -steuerung – Methodische Grundlagen von PPS-Systemen und Erweiterungen, 4. Auflage, München 1999 S.325
[34] Vgl. Breitenlechner Teresa, Rieser Manuela, Witting Simone: Geschichte des ERP, auf erpge.wordpress.com, 20.02.2017 11.55 Uhr, https://erpge.wordpress.com/2-erp-systeme/2-1-geschichte-des-erp/
[35] Vgl. Laudon Kenneth C., Laudon Jane P., Schoder Detlef: Wirtschaftsinformatik – Eine Einführung, 2. Aktualisierte Auflage, München 2010, S.484

2.3 Überblick der Vor- und Nachteile von ERP-Systemen

Jedes Unternehmen, egal ob Großkonzern oder Kleinunternehmen, sollte sich bewusst sein, dass die Einführung eines ERP-Systems nicht ausnahmslos Vorteile mit sich bringt. Denn eine unausgereifte Strategie und Umsetzungsphase kann viele unerwartete Probleme mit sich bringen, die oft einen nicht unerheblichen Rückstoß für das Unternehmen bedeutet können.[36] Deshalb sollten Risiken und Chancen stehst genau berechnet und miteinander verglichen werden. ERP-Systeme können vier Dimensionen eines Unternehmens wesentlich verändern: Unternehmensstruktur, Managementprozess, Datenstruktur und Wettbewerbsfähigkeit.[37]

Die folgenden Vor- und Nachteile von ERP-Systemen sollen einen Einblick verschaffen, warum es sinnvoll für Unternehmen ist, sich so ein komplexes System, trotz nicht unerheblicher Risiken, anzuschaffen.

Wenn ein Unternehmen seine Geschäfts- und Kennzahlen erfolgreich unter Kontrolle haben möchte, kommt es um ein ERP-System nicht herum. Kleinere Unternehmen erfassen und verwalten ihre Daten in Word und Excel. Aber wenn ein Unternehmen mit der Zeit wächst, reichen diese Tabellen und Listen nicht mehr aus, da kein konkretes Datensystem vorhanden ist und sich die Informationen nicht miteinander verbinden lassen, mangels der schwierigen Zusammenarbeit zwischen organisatorischen und technischen Schnittstellen.[38] Der deswegen wohl bedeutendste Vorteil und wichtigste Grund, weshalb sich Unternehmen für eine ERP-System entscheiden, ist die Zeitersparnis und die Effizienzsteigerung für die Unternehmensführung.[39]

Zu Beginn produzieren kleine Unternehmen eher auf Vorrat, aber mit der Zeit kommen immer mehr Bestellungen rein und es müssen Leistungen als Auftragsfertigung erbracht werden. Die Kunden stellen immer mehr Anforderungen an die Produktion und die damit einhergehende Lieferung. Durch die Integration eines ERP-Systems kann das Unternehmen effizienter auf Kundenwünsche für Produkte und Informationen reagieren. Es könnten neue Produkte vorausgeplant und entsprechend der Nachfrage erstellt und ausgeliefert werden. Die Herstellung ist somit besser darüber informiert, was Kunden bestellt haben bzw. sich wünschen, sodass genau das richtige produziert wird und genau die richtige Menge an Komponenten und Rohmaterial beschafft werden kann, um die vorliegenden Aufträge auszuführen.[40]

---

[36] Vgl. o.V.: Wozu benötigt man ein ERP-System?, auf erp-system.de, 06.02.2017, 11.39 Uhr, http://www.erp-system.de/
[37] Vgl. Laudon Kenneth C., Laudon Jane P., Schoder Detlef: Wirtschaftsinformatik – Eine Einführung, 2. Aktualisierte Auflage, München 2010, S.488
[38] Vgl. http://www.erp-system.de/ (Stand: 06.02.2017, 11.39 Uhr)
[39] Vgl. o.V.: 10 GUTE GRÜNDE, UM EIN ERP ANZUSCHAFFEN, auf erp-software-auswahl.de, 06.02.2017, 11.27 Uhr, http://www.erp-software-auswahl.de/10-gute-gruende-um-ein-erp-anzuschaffen/
[40] Vgl. Laudon Kenneth C., Laudon Jane P., Schoder Detlef: Wirtschaftsinformatik – Eine Einführung, 2. Aktualisierte Auflage, München 2010, S.489

Die Arbeitnehmer die allerdings täglich mit der derzeitigen EDV-Situation arbeiten müssen, verlieren Zeit und machen vermeidbare Fehler, wenn z. B. zwischen den verschiedenen Dateien noch hin und her kopiert werden muss oder sogar Übersichten händisch erstellt werden müssen. Nicht selten kommt es dann auch vor, dass Arbeiten teilweise doppelt verrichtet werden, sogenannte Parallelerfassungen, und Mitarbeiter zunehmend gestresst sind. Studien haben bewiesen, dass die Motivation des Personals nach einer zeitgemäßen Investition in ein ERP-System steigt[41] und eine erhöhte Automatisierung der Prozesse führt neben den Kostenersparnissen, zu kürzeren Bearbeitungs- und Durchlaufzeiten.[42]

Ein ERP-System ist heutzutage ab einer bestimmten Unternehmensgröße nicht mehr wegzudenken.[43] Dies ist bspw. bei mehreren Standorten der Fall. Solange ein Unternehmen von einem einzigen Standort aus tätig ist, ist es für den Arbeitgeber, bildlich gesprochen ein leichtes, kurz in die Werkshalle zu gehen und zu überprüfen, ob die Produktion wie geplant verläuft und ob der Lagerbestand noch ausreicht. Sobald ein Unternehmen allerdings an mehreren Standorten vertreten ist, benötigt es ein an die Branche angepasstes ERP-System, um einen optimalen Informationsfluss über die Abteilungsgrenzen hinweg zu gewährleisten und sich ein digitales Bild von der Herstellung und Lagerverwaltung zu verschaffen.[44]

Aber auch die Konkurrenz sollte niemals außer Acht gelassen werden. Wenn die erfolgreichen Mitbewerber bereits ein ERP-System nutzen, sollte sich daran ein Beispiel genommen werden, um am Marktwettbewerb mithalten zu können.[45] Denn die Konkurrenz profitiert bereits von der bspw. standardisierten Angebots- und Rechnungserstellung und verfügt einhergehend über die in Kapital 2.1 beschrieben Flexibilität.[46]

Einen weiteren Vorteil bieten ERP-Systeme im Bereich Finanzierung. Ein Unternehmen, welches sich im Wachstum befinden, betreibt laufend neue Investitionen um Projekte zu realisieren. Hierfür werden häufig Fremdfinanzierungen herangezogen und die Investoren eines Unternehmens legen sehr viel Wert darauf, dass ein Unternehmen fundiertes und aktuelles Zahlenmaterial aus einer ERP-Software vorlegen kann.[47]

Zusätzlich können ERP-Systeme zukünftige Entscheidungen beeinflussen, da die ERP-Software eine Reihe von Modulen enthält, welche anhand von Daten und Informationen

[41] Vgl. http://www.erp-software-auswahl.de/10-gute-gruende-um-ein-erp-anzuschaffen/ (Stand: 06.02.2017, 11.27 Uhr)
[42] Vgl. http://www.erp-system.de/ (Stand: 06.02.2017, 11.39 Uhr)
[43] Vgl. http://www.sage.de/~/media/markets/de/products/sage-x3/whitepaper_softwareauswahl.pdf?la=de (Stand: 06.02.2017, 11.36 Uhr)
[44] Vgl. http://www.erp-software-auswahl.de/10-gute-gruende-um-ein-erp-anzuschaffen/ (Stand: 06.02.2017, 11.27 Uhr)
[45] Vgl. http://www.sage.de/~/media/markets/de/products/sage-x3/whitepaper_softwareauswahl.pdf?la=de (Stand: 06.02.2017, 11.36 Uhr)
[46] Vgl. http://www.erp-software-auswahl.de/10-gute-gruende-um-ein-erp-anzuschaffen/ (Stand: 06.02.2017, 11.27 Uhr)
[47] Vgl. http://www.erp-software-auswahl.de/10-gute-gruende-um-ein-erp-anzuschaffen/ (Stand: 06.02.2017, 11.27 Uhr)

aus der Vergangenheit auf mögliche zukünftige Tendenzen schließen können.[48] Bspw. werden Finanzdaten von der Rechnung bis zum Zahlungseingang erfasst und vereinfachen somit die Berechnung finanzieller Größen und unterstützten die Rentabilitätsplanung und Prognosen.

Nachteile von ERP-Systemen entstehen vor allem, wenn sich vor der umfangreichen Einführung nicht ausreichend Gedanken über die Anforderungen und Systemauswahl gemacht wurden und diesbezüglich kann zwischen vorübergehenden und dauerhaften Problemen unterschieden werden.[49] Vorübergehende Schwierigkeiten entstehen bspw. durch eine unausgereifte, fehlerbasierte oder gänzlich fehlende Planung. Aber auch eine schlechte Überzeugung oder mangelhafte Schulung der Mitarbeiter kann vorrübergehend Probleme hervorrufen, welche wiederrum zu Verzögerungen innerhalb der Unternehmensprozesse führen und die Investition dadurch sehr kostspielig machen. So kam es in der Vergangenheit bspw. schon vor, dass das Einführungsprojekt eines ERP-Systems derart teuer wurde, dass danach die finanziellen Mittel fehlten, um das Personal ausreichend für das neue System zu schulen.[50]

Dauerhafte Problematiken ergeben sich z. B. durch die grundlegende Umgestaltung der Arbeitsweise, denn die Geschäftsprozesse ändern sich drastisch, sodass auch die komplette Struktur und Kultur des Unternehmens betroffen ist[51] oder durch ein falsch ausgewähltes ERP-System, welches nicht zur Branche des Unternehmens passt bzw. nicht alle relevanten Prozesse umfasst. Andersherum kann aber auch ein zu komplexes System das Unternehmen überfordern.[52] Und genau hier liegt der größte Nachteil von ERP-Systemen. Denn wenn das eingeführte System keine Verbesserung des Tagesgeschäfts mit sich bringt und operative sowie strategische Planungen nicht unterstütz werden oder die Mitarbeiter nicht mit dem neuen System arbeiten können, weil sie schlicht nicht wissen wie es funktioniert, dann hat sich nicht nur die Investition als kostenintensiv und unwirksam erwiesen, sondern kann zusätzlich einen starken Rückschlag für das Unternehmen bedeuten.[53]

Wenn die u. a. aufgezählten Problematiken durch eine ausgereifte und gut durchdachte Planung vermieden werden können, kann die Einführung eines ERP-Systems leichter von statten gehen, als gedacht.

---

[48] Vgl. https://informationsmanagement.wordpress.com/2012/02/28/erp-systeme-vorteile-und-nachteile/ (Stand: 21.02.2017, 11.49 Uhr)
[49] Vgl. http://www.erp-system.de/ (Stand: 06.02.2017, 11.39 Uhr)
[50] Vgl. o.V.: ERP Systeme – Vorteile und Nachteile, auf informationsmanagement.wordpress.com, 21.02.2017, 11.49 Uhr, https://informationsmanagement.wordpress.com/2012/02/28/erp-systeme-vorteile-und-nachteile/
[51] Vgl. Laudon Kenneth C., Laudon Jane P., Schoder Detlef: Wirtschaftsinformatik – Eine Einführung, 2. Aktualisierte Auflage, München 2010, S.489
[52] Vgl. o.V.: 8 Gründe warum ERP-Projekte häufig scheitern, auf erp-system.de, 06.02.2017, 11.40 Uhr, http://www.erp-system.de/8-gruende-warum-erp-projekte-haeufig-scheitern/
[53] Vgl. https://informationsmanagement.wordpress.com/2012/02/28/erp-systeme-vorteile-und-nachteile/ (Stand: 21.02.2017, 11.49 Uhr)

3. Der Nutzen von ERP

3.1 Die Unterstützung für Unternehmen durch ein ERP-System

Es stellt sich nun die Frage, wie genau ein ERP-System das Unternehmen samt seinen Mitarbeitern unterstützt. Wie bereits im Kapitel 2.1 beschrieben, durchdringt das System nahezu alle Vorgänge im Unternehmen und übernimmt standarisierte Aufgaben die ein System besser als ein Mensch übernehmen kann, wie z. B. sich an Termine zu erinnern, sich Dinge zu merken oder Informationen jederzeit bereit zu stellen. Hierfür werden Softwaresysteme verwendet, die modular[54] aufgebaut sind und an unternehmenseigene Prozesse angepasst werden. Da sich zahlreiche Prozesse von Unternehmen einer jeder beliebigen Branche sehr ähneln oder sogar gleich sind, macht sich ein ERP-System diesen Umstand zu Nutze, indem es die Arbeitnehmer Schritt für Schritt durch diese Prozesse leitet. So werden zeitraubende Aufgaben vom Computerprogramm übernommen und es wird kein Bearbeitungsschritt ausgelassen.[55] Das ERP-System passt sich somit den Abläufen jedes beliebigen Unternehmens an. Aber woher kennt das ERP-System die unterschiedlichen Abläufe des Unternehmens? Da die Vorgänge in vielen Unternehmen völlig gleich sind, sind sie übertragbar. Dies haben sich die Programmierer zu Nutze gemacht und haben den kompletten Ablauf einmal fehlerfrei programmiert. Diesen kann man dann je nach Bedarf anpassen.

Dadurch, dass das ausgewählte ERP-Systeme nun alle Abläufe kennt, müssen noch die notwendigen Unternehmensdaten, wie bspw. Kunden, Lieferanten, Materialien usw. einmal in das System eingepflegt werden. Hierbei wird zwischen Stammdaten und Bewegungsdaten unterschieden. Stammdaten sind Daten, die über einen längeren Zeitraum ihre Gültigkeit besitzen. Diese können unter anderem Materialnamen, Materialgewicht, Name und Adresse eines Kunden, Lieferanten oder Mitarbeiters sein. Stammdaten haben somit einen langfristigen Bestand. Auch Arbeitspläne für Mitarbeiter gehören zu den Stammdaten. Bewegungsdaten hingegen verändern sich laufend wie bspw. Lagerbestände. Kaum wird etwas eingekauft, wird etwas Anderes verkauft. Ebenfalls Bestellnummern, Kontostände, Forderungen gegenüber Kunden oder Verbindlichkeiten gehören dazu. Bewegungsdaten sind somit laufend am schwanken.

Das Programm kann dann diese Daten verarbeiten, sodass vollständige Prozesse wie Gehaltszahlung, Einkauf und Verkauf oder Produktion erfolgreich abgeschlossen wer-

---

[54] Modularität, auch Baustein- oder Baukastenprinzip genannt, ist die Aufteilung eines Ganzen in Teile, die als Module, Komponenten, Bauelemente oder Bausteine bezeichnet werden. Bei geeigneter Form und Funktion können sie zusammengefügt werden oder über entsprechende Schnittstellen interagieren.
[55] Vgl. https://www.scopevisio.com/ratgeber/erp-software/erp-system/ (Stand: 21.02.2017, 11.51 Uhr)

den. Probleme aus der Vergangenheit wie die unvollständige oder die doppelte Erfassung von Daten entfallen. Ist eine Aktualisierung des Programms oder der Daten erforderlich, so erfolgt dies zeitgleich für alle Abteilungen innerhalb des Unternehmens, da alle auf den gleichen Datenbestand zugreifen.

Das Zusammenfügen der Gesamten Informationen und Anwendungen reduzieren die Durchlaufzeit der unterschiedlichen Prozesse und erleichtern nicht nur die Organisation der Arbeitsabläufe, sondern sind ein großer Kosten- und Zeitersparnisfaktor.[56]

3.2 Der Ablauf am Beispiel des Beschaffungsprozesses

Um die Unterstützung des ERP-Systems zu verdeutlichen, wird der folgende Ablauf am Beispiel des Beschaffungsprozesses (Einkauf) dargestellt.

Zunächst müssen die folgenden Stammdaten im Prozess angelegt werden: Der Lieferant XY muss mit relevanten Daten wie z. B. Name, Anschrift, Kontaktdaten und Lieferungs- und Zahlungsmodalität angelegt werden.[57] Darauffolgend muss das benötigte Material eingepflegt werden. Unter anderem gehören hierzu die Produktionsbezeichnung, Artikelnummer, Preis, Gewicht und Stückelung des anzulegenden Materials. Im nächsten Schritt werden die Bewegungsdaten angelegt. Hierunter fällt unter anderem die Rechnung. Dabei ist zu beachten, dass der Lieferant, das Produkt, die Mengenangabe, der Preis, der gewünschte Liefertermin, die Liefer- und Zahlungsbedingungen anzulegen sind.

Nachdem die Bestellung angelegt wurde, wartet das Unternehmen auf den Wareneingang. Sobald der Wareneingang mit dazugehörigem Abgleich von Bestellung und Lieferschein erfolgt ist, muss dieser buchhalterisch erfasst werden. Daraufhin erhält das Unternehmen eine Rechnung vom Lieferanten, welche ebenfalls gebucht werden muss. Das ERP-System unterstützt und erinnert das Unternehmen daran, was gekauft wurde und zu welchen Konditionen. Falls jetzt ein Fehler vorliegt, bspw. auf der Rechnung ist der Betrag zu hoch bzw. zu niedrig oder es wurde eine falsche Menge in Rechnung gestellt, dann weist das System darauf hin. Hierdurch werden Fehlerentstehungen vermieden. Im letzten Schritt wird die Rechnung bezahlt. Auch hier erinnert das System z. B. daran, dass eine Skontofrist genutzt werden kann oder das diese bereits überzogen wurde. Am Ende wird die Überweisung des Rechnungsbetrages an den Lieferanten durchgeführt und der Beschaffungsprozess ist daraufhin beendet.[58]

---

[56] Vgl. https://www.scopevisio.com/ratgeber/erp-software/erp-system/ (Stand: 21.02.2017, 11.51 Uhr)
[57] Vgl. https://www.scopevisio.com/ratgeber/erp-software/erp-system/ (Stand: 21.02.2017, 11.51 Uhr)
[58] Vgl. Anhang: Anlage 1: Der Beschaffungsprozess

3.3 Wesentliche Aspekte für die Einführung eines ERP-Systems

Die Einführung eines ERP-System ist eine weitreichende Entscheidung, die gut geplant werden will. Der Geschäftsführung stellen sich vor der Einführung folgende drei wesentliche Fragen, welche in diesem Kapitel genauer betrachtet und aufgeschlüsselt werden:

1. Welche kurz- und langfristigen Kosten kommen auf das Unternehmen zu?
2. Woran könnte das Projekt scheitern?
3. Wie treffe ich die Auswahl für ein geeignetes ERP-System?

Um eine Antwort auf die erste Frage zu finden, muss sich ein Unternehmen darüber im Klaren sein, dass Kosten bereits im Vorfeld einer Entscheidung entstehen und nicht erst mit der Anschaffung. Denn das Auswahlverfahren für das passende ERP-System ist ein langwieriger Prozess, welcher sich über Monate hinziehen kann. Bspw. benötigt man für den Auswahlprozess Personal, welches innerhalb dieses Zeitraumes an einer anderen Stelle im Tagesgeschäft fehlt.[59] Des Weiteren stellt sich die Frage, mit welchen externen und internen Kosten gerechnet werden muss. Zu den externen Kosten zählen bspw. die Lizenzgebühren für die benötigte Software und die Kosten für das Customizing[60] der Lösung an die Geschäftsprozesse. Andere externe Kosten wie Beratungsleistung des Anbieters, Hardware und die noch, neben den normalen Lizenzgebühren, erforderliche Datenbanklizenzen werden oft nur selten richtig kalkuliert. Die reinen Lizenzkosten sind mit den Einführungskosten noch längst nicht abgedeckt, denn die vorhandenen Datenbestände aus dem Altsystem müssen in das neue ERP-System eingepflegt werden und einige Funktionen, wie sie in Kapitel 2.1 bereits beschrieben wurden, müssen noch an die Geschäftsprozesse angepasst werden.[61]

Die internen Kosten für das Unternehmen bleiben meist unbeachtet. Hierzu gehören z. B. die neue Organisierung der Unternehmensbereiche und Abteilungen, Datenmigration, Projektmitarbeiter und die Schulung der Arbeitnehmer. Unter einer Datenmigration wird das Ersetzen einer Plattform (Datenbanksoftware) verstanden, mit welcher Daten verwaltet und vom Altsystem übernommen werden. Wenn z. B. eine Bank ihr selbstentwickeltes System durch eine Standardsoftware ersetzt, reicht es dabei nicht aus nur die Standardsoftware zu installieren, sondern es müssen ebenfalls Kundendaten, Konten und Kontostände übernommen werden. Ein anderes Beispiel wäre die Fusion von Unternehmen, wobei die Daten aller beteiligten Konzerne ordentlich zusammengeführt werden müssen.

Besonders die Kosten für externe Berater, welche das Unternehmen in der Vorbereitungsphase und bei der Auswahl der Software unterstützen, sind sehr hoch anzusetzen.

---

[59] Vgl. o.V.: 8 Kosten bei der Einführung eines ERP-Systems, auf erp-system.de, 06.02.2017, 11.40 Uhr, http://www.erp-system.de/kosten-erp-system/
[60] Customizing ist der Ausdruck für die Anpassung eines Serienprodukts an die Bedürfnisse des Kunden.
[61] Vgl. http://www.erp-system.de/kosten-erp-system/ (Stand: 06.02.2017, 11.40 Uhr)

Aber auch die internen Projektmitarbeiter, welche den gesamten Projektablauf koordinieren und eng mit den externen Beratern, den Anbietern und dem Management zusammenarbeiten, können das Projekt sehr kostspielig machen, da diese Mitarbeiter dann, wie oben bereits erwähnt, an einer anderen Stelle fehlen. Deswegen stellen Unternehmen nicht selten auch neue Mitarbeiter für die Durchführung eines ERP-Projektes ein.[62] Die Kosten für den Aufwand der Datenmigration und Anpassung lässt sich ohne eine genaue Analyse nur schwer abschätzen, da diese von der Komplexität des ERP-Projektes abhängen und sich somit nur ungenau im Voraus budgetieren lassen.[63]

Auch die Schulung der Belegschaft benötigt nicht nur einen hohen Einsatz finanzieller Mittel, sondern beansprucht sehr viel Zeit. Viele Unternehmen sehen dabei nur die reinen Schulungskosten und nicht die Kosten, die der zeitlich begrenzte Ausfall von Mitarbeitern während der Schulung verursacht.[64]

Das neue System kann nur seine Produktivität entfalten, wenn alle Mitarbeiter die Software nicht nur anwenden können, sondern auch verstehen.[65] Deshalb sollten die Arbeitnehmer so gründlich wie möglich geschult werden. Dabei darf nicht vergessen werden, dass das neue System in Teilbereichen sehr schwierig anzuwenden ist d. h. es benötigt eine gewisse Eingewöhnungszeit, bis sich die Mitarbeiter mit dem ERP-System „angefreundet" und ihren maximalen Einsatz an Produktivität im Tagesgeschäft wieder erreichet haben.[66]

Damit das eingeführte ERP-System ohne Probleme auch zukünftig gut läuft und der Kundenstamm von den laufenden Weiterentwicklungen profitieren kann, ist ein Wartungsvertrag zu empfehlen. Bei einigen Anbietern ist dies schon mitinbegriffen, bei anderen müssen solche Verträge zusätzlich abgeschlossen werden. Ähnlich wie bei dem Lizenzpreis bemessen sich die Wartungsgebühren nach Art, Umfang und Anzahl der Benutzer und wird in der Regel jährlich entrichtet und zählt somit zu den laufenden Kosten für das ERP-System.[67] Ebenso verläuft es mit den Updates und Release-Wechsel für die Software. Der Release-Wechsel beschreibt die Aktualisierung der vorhandenen Software. Sie erfolgt durch die Installation einer neuen Version, welche vom Anbieter geliefert wird. Das bedeutet für das Unternehmen einen ähnlichen Aufwand wie bei der Einführung. Es kommt häufig vor, dass bei einem Release-Wechsel ganze Teile der Hardware ersetzt werden müssen. Dies ist bspw. der Fall, wenn das neue Release, mehr Speicherkapazität oder schnellere Prozessoren benötigt. Solch eine Durchführung kann

---

[62] Vgl. http://www.erp-system.de/kosten-erp-system/ (Stand: 06.02.2017, 11.40 Uhr)
[63] Vgl. http://www.erp-system.de/kosten-erp-system/ (Stand: 06.02.2017, 11.40 Uhr)
[64] Vgl. http://www.erp-system.de/kosten-erp-system/ (Stand: 06.02.2017, 11.40 Uhr)
[65] Vgl. http://www.erp-system.de/kosten-erp-system/ (Stand: 06.02.2017, 11.40 Uhr)
[66] Vgl. Laudon Kenneth C., Laudon Jane P., Schoder Detlef: Wirtschaftsinformatik – Eine Einführung, 2. Aktualisierte Auflage, München 2010, S.490 f.
[67] Vgl. http://www.erp-system.de/kosten-erp-system/ (Stand: 06.02.2017, 11.40 Uhr)

nicht kurzfristig innerhalb des laufenden Tagesgeschäftes gemacht werden.[68] Es gibt noch einige weitere Kostenfaktoren die eine Rolle bei der Einführung eines ERP-Systems spielen, diese würden allerdings den Rahmen dieser Hausarbeit sprengen.

Es ist deshalb wichtig die Anbieter einer genauen Prüfung zu unterziehen und Vergleiche durchzuführen, denn mitunter verstecken sich in den Software- und Servicepaketen Leistungen, die das Unternehmen gar nicht benötigt, aber bezahlt.[69]

Ein großes Unternehmen kann drei bis fünf Jahre brauchen, um alle für ein ERP-System erforderlichen organisatorischen und technischen Änderungen vollständig zu implementieren. Eine Untersuchung der Meta Group zu den Kosten für ein ERP-Systemen, einschließlich Hardware, Software, professionellen Dienstleistungen und internen Personalkosten, ergaben, dass die durchschnittlichen Gesamtkosten 15 Millionen USD betragen. Der höchste Wert lag bei rund 300 Millionen, der niedrigste bei 400.0000 USD.[70] Umso komplexer, größer und vielfältiger die Geschäftsprozesse innerhalb des Unternehmens sind, desto höher ist auch der Aufwand mit den einhergehenden Kosten.[71]

Um die zu Anfang aufgeführte zweite Frage konkret beantworten zu können, sollte das Unternehmen, welches über die Einführung eines ERP-Systems nachdenkt, genau analysieren, welche Fehler andere Unternehmer bereits gemacht haben und wie diese hätten vermieden werden können.

Sobald ein ERP-System installiert wurde, fallen die gern gewonnen Gewohnheiten im Arbeitsalltag weg.[72] Früher war es so, dass jeder für sich und die Abteilung gearbeitet hat. Wurden Funktionen in andere Bereiche verlagert oder wanderten fremde Aufgaben in die eigene Abteilung hinein, dann kam es nicht selten zu Konflikten.[73] Auch heutzutage gibt es noch viele Mitarbeiter die aufeinander eifersüchtig sind und dem Kollegen einen Erfolg, wie bspw. eine Beförderung, nicht gönnen. Die Einführung eines ERP-Systems verlangt jedoch, dass die gesamte Belegschaft ihre Arbeitsweise ändert und lernen muss, über die Abteilungsgrenzen hinweg miteinander zu kommunizieren und prozessorientiert zu denken.[74] Dass nun bspw. andere Abteilungen Berichte direkt aus dem ERP-System abfragen können, welche früher über umständliche Wege angefordert werden mussten, muss von den Mitarbeitern verinnerlicht werden. Dies erfordert, dass die Spielregeln für alle transparent sind und sich die Arbeitsweise insoweit ändert, dass sie

---

[68] Vgl. http://www.erp-system.de/kosten-erp-system/ (Stand: 06.02.2017, 11.40 Uhr)
[69] Vgl. http://www.sage.de/~/media/markets/de/products/sage-x3/whitepaper_softwareauswahl.pdf?la=de (Stand: 06.02.2017, 11.36 Uhr)
[70] Vgl. Laudon Kenneth C., Laudon Jane P., Schoder Detlef: Wirtschaftsinformatik – Eine Einführung, 2. Aktualisierte Auflage, München 2010, S.490 f.
[71] Vgl. http://www.erp-system.de/kosten-erp-system/ (Stand: 06.02.2017, 11.40 Uhr)
[72] Vgl. Thesmann Stephan, Burkard Werner: Wirtschaftsinformatik für Dummies, 1. Auflage, Weinheim 2015 S.127
[73] Vgl. http://www.erp-system.de/8-gruende-warum-erp-projekte-haeufig-scheitern/ (Stand: 06.02.2017, 11.40 Uhr)
[74] Vgl. Laudon Kenneth C., Laudon Jane P., Schoder Detlef: Wirtschaftsinformatik – Eine Einführung, 2. Aktualisierte Auflage, München 2010, S.488

den in der Software vorgegebenen Geschäftsprozessen entspricht.[75] Sie müssen also lernen, neue Aufgabenbereiche, Arbeitsabläufe und Verantwortlichkeiten zu akzeptieren und diese neuen Prozesse nicht nur anwenden, sondern auch zu verstehen, wie die von ihnen in das System eingegebenen Informationen andere Bereiche des Unternehmens beeinflussen.[76] Andernfalls werden Quertreiber[77] aus Angst vor Kontroll- und Kompetenzverlust versuchen, ihre bisherigen Gewohnheiten beizubehalten. Gibt es mehrere Arbeitnehmer, die die selbe Denkweise besitzen und sich gegen das neue System sträuben, kann es das ERP-Projekt zum Scheitern bringen.[78] Dies kann verhindert werden, indem die Geschäftsführung das Gesamte Vorgehen transparent gestaltet und offen mit den Mitarbeitern kommuniziert, damit Ängste schon von vorneherein beseitigt werden können.[79]

In der Vergangenheit wurde in Unternehmen gerne die Strategie Top-down[80] angewendet, auch heutzutage findet sich dieser Entscheidungsprozess häufig wieder, allerdings gibt es mittlerweile auch einige Unternehmer, welche die Bottom-up[81] Strategie anwenden, um vorzugsweise die Motivation der Arbeitnehmer zu steigern.[82] Denn verständlicherweise möchten sich die Mitarbeiter bei neu anstehenden Projekten miteinbringen und mitbestimmen. Dies kann entscheidende Vorteile mit sich bringen, denn wer kann besser einschätzen, welche Dinge am Arbeitsplatz bzw. in der Abteilung benötigt werden, als der unternehmenseigene Mitarbeiter?

Die Bottom-up Form der Unternehmensführung ist für viele ein Fortschritt, hat aber zur Folge, dass zahllose Meetings und Besprechungen zu keinen konkreten Ergebnissen führen. Denn jeder möchte es jedem Recht machen und es wird versucht, dass alle ihre Meinung miteinbringen können, um Veränderungen zu erreichen.[83] Dies kann bei Projekten mit straffen Zeitplänen nicht langfristig funktionieren. Deswegen ist es ratsam festzulegen, wer klare Entscheidungen und deutliche Zielvorgaben zu treffen hat, damit der Zeitplan eingehalten werden kann. Denn unklare Zielsetzungen können einen weiteren Knackpunkt hervorrufen. Die Anbieter von ERP-Systemen gehen nämlich davon aus, dass klare Ziele bereits gesetzt und entsprechende organisatorische Änderungen, in

[75] Vgl. Laudon Kenneth C., Laudon Jane P., Schoder Detlef: Wirtschaftsinformatik – Eine Einführung, 2. Aktualisierte Auflage, München 2010, S.488
[76] Vgl. Laudon Kenneth C., Laudon Jane P., Schoder Detlef: Wirtschaftsinformatik – Eine Einführung, 2. Aktualisierte Auflage, München 2010, S.489
[77] Ein Quertreiber ist eine Person, welche böswillig und bewusst die Absichten eines Anderen stört und behindert
[78] Vgl. Laudon Kenneth C., Laudon Jane P., Schoder Detlef: Wirtschaftsinformatik – Eine Einführung, 2. Aktualisierte Auflage, München 2010, S.490
[79] Vgl. http://www.erp-system.de/8-gruende-warum-erp-projekte-haeufig-scheitern/ (Stand: 06.02.2017, 11.40 Uhr)
[80] Top-down bedeutet, dass alle Anleitungen von oben kommen
[81] Bottom-up bedeutet, dass alle Entscheidungen nicht nur von der Geschäftsführung getroffen werden, sondern das die Meinung der Belegschaft miteinbezogen wird.
[82] Vgl. Filev Andrew: Top-Down- und Bottom-Up-Projektmanagement: Die Vorteile beider Ansätze im Vergleich, auf wrike.com, 24.02.2017, 12.52 Uhr, https://www.wrike.com/de/blog/top-down-und-bottom-up-projektmanagement-verhaeltnis-der-vorteile-der-beiden-ansaetze/
[83] Vgl. http://www.erp-system.de/8-gruende-warum-erp-projekte-haeufig-scheitern/ (Stand: 06.02.2017, 11.40 Uhr)

Verbindung mit der Einführung, getätigt wurden. Probleme können dann auftreten, wenn bei den Vorbereitungen gefuscht wurde und die Einführung dadurch zu früh durchgeführt wird.[84] Wenn zu diesem Zeitpunkt wesentliche Fragen noch nicht genau abgeklärt wurden und es dadurch bspw. zu ungeplanten Nachbesserungen kommt, kann sich das Projekt erheblich verteuern. Eine gründliche Vorbereitung, mit den einhergehenden Anpassungen von Prozessen und ein geeigneter festgelegter Zeitpunkt zur Einführung eines ERP-Systems sind somit unerlässlich.[85]

Ein weiteres nicht selten auftretendes Problem sind fehlende Kompetenzen des internen Projektteams. Diese sind immer wieder, insbesondere im Hinblick auf die Infrastruktur, anzutreffen.[86] Die Aufgabe des Managements ist es darauf zu achten und dafür zu sorgen, dass das Projektteam mit ausreichenden Kompetenzen ausgestattet ist, damit sich das Projekt nicht unnötig in die Länge zieht und das eingeplante Budget im Rahmen bleibt. Die Aufgabe hinter der Einführung eines ERP-Systems ist nicht das vermeidliche Installieren und Anpassen der Software, sondern es muss ein Verständnis für die Grundlagen und Zusammenhänge im Unternehmen an alle Beteiligten vermittelt werden.[87] Eine vernünftige Schulung, wie sie bereits oben erwähnt wurde, ist dabei unumgänglich.

Neben den bereits genannten Gründen, die zum Scheitern des Projektes führen können, tritt noch eine weitere Komponente hinzu: die Zeit. Viele Unternehmer planen den Zeitrahmen für die Prozessanalyse und Einführung zu knapp ein.[88] Es wird schlicht vergessen oder verdrängt, dass es auch mit einer gut vorbereiteten Planung an einigen Stellen zu Zeitverzögerungen kommen kann. Wenn dies nicht nur an einer Stelle passiert, verschiebt sich das Projekt immer weiter nach hinten und mitunter verändern sich dadurch auch Geschäftsprozesse, die mit den im ursprünglich geplanten Projektumfang definierten Prozessen nicht mehr identisch sind.[89] Um dieser Problematik entgegenzuwirken, sollte ein realistischer Zeitplan mit Teilschritten bestimmt werden. Und auch wenn Teilschritte eine noch längere Vorausplanung benötigen, bietet die Aufspaltung des Projektes in kleinere Teilschritte einen geeigneten Weg, um die Geschäftsprozesse nach und nach zu realisieren.[90]

Oftmals sind sowohl die Fachabteilungen, als auch das Management damit überfordert, ein geeignetes ERP-System für ihr Unternehmen auszuwählen. An diesem Punkt überschneiden sich die anfangs genannte zweite und dritte Frage. Oftmals haben die Unter-

---

[84] Vgl. http://www.erp-system.de/8-gruende-warum-erp-projekte-haeufig-scheitern/ (Stand: 06.02.2017, 11.40 Uhr)
[85] Vgl. http://www.erp-system.de/8-gruende-warum-erp-projekte-haeufig-scheitern/ (Stand: 06.02.2017, 11.40 Uhr)
[86] Vgl. http://www.erp-system.de/8-gruende-warum-erp-projekte-haeufig-scheitern/ (Stand: 06.02.2017, 11.40 Uhr)
[87] Vgl. http://www.erp-system.de/8-gruende-warum-erp-projekte-haeufig-scheitern/ (Stand: 06.02.2017, 11.40 Uhr)
[88] Vgl. http://www.erp-system.de/8-gruende-warum-erp-projekte-haeufig-scheitern/ (Stand: 06.02.2017, 11.40 Uhr)
[89] Vgl. http://www.erp-system.de/8-gruende-warum-erp-projekte-haeufig-scheitern/ (Stand: 06.02.2017, 11.40 Uhr)
[90] Vgl. http://www.erp-system.de/8-gruende-warum-erp-projekte-haeufig-scheitern/ (Stand: 06.02.2017, 11.40 Uhr)

nehmen zu Beginn des Auswahlprozesses noch keinen genauen Plan, welche Funktionen das ERP-System besitzen muss, um sich perfekt anzupassen und welches dabei auch noch das kostengünstigste ist. Deswegen nutzen Unternehmen häufig die vom Anbieter angebotenen Beratungsgespräche und lässt diese die unternehmerische Entscheidung treffen. Natürlich verfolgen die Unternehmensberater ihre eigenen Interessen und gehen grundsätzlich von Standardprozessen im Unternehmen aus. Wichtige Details zu den wertschöpfenden Prozessen und Besonderheiten des betreffenden Unternehmens, lernen die Anbieter erst kennen und verstehen, wenn die Entscheidung für ein System bereits getroffen wurde und das Projekt im vollen Gange ist. Was passiert aber, wenn sich während des Projektverlaufes herausstellt, dass die Anforderungen nur zum Teil erfüllt werden oder das System zu überdimensioniert ist? In diesem Fall nehmen die Berater selten Rücksicht auf das Unternehmen, da diese nur darauf bedacht sind ihr Geld zu verdienen. Es werden also diverse Anpassungen vorgenommen. Das Ergebnis daraus ist oft die Unzufriedenheit des Unternehmens, denn das Projekt dauert wesentlich länger als geplant und übersteigt das Budget enorm. Im schlechtesten Szenario, ist das System völlig ungeeignet oder funktioniert nicht wie angenommen. Dann müsste ein neues System ausgewählt werden und der ganze Prozess beginnt wieder von vorne.[91] Deshalb ist es wichtig sich Meinungen von unterschiedlichen Beratern einzuholen, die Mitarbeiter ebenfalls bei der Systemauswahl miteinzubeziehen und den Fortschritt während des Realisierungsprozesses regelmäßig zu überprüfen.

Alle aufgeführten Gründe stehen mehr oder weniger miteinander in Verbindung und beeinflussen sich stetig gegenseitig. Beim Scheitern von ERP-Projekten lässt sich daher nie eine einzelne Ursache ausmachen, sondern es sind immer mehrere Gründe, die das Aus besiegeln.[92]

Eine ERP-Software ist so gut, wie sie sich dem Bedarf des Unternehmens anpassen lässt. Allerdings kann kein ERP-System allen Anforderungen eines Unternehmens gerecht werden und kein Anbieter hält alle Lösungen für die unterschiedlichen Branchen und Dienstleister bereit. Bevor sich die Geschäftsführung also mit der Auswahl eines geeigneten ERP-Systems auseinandersetzt, sollte zunächst eine individuelle Bedarfsermittlung erfolgen, um herauszufinden, welche Funktionen für das Unternehmen essentiell sind.[93] Hierzu werden die Geschäftsprozesse des Unternehmens aufgenommen und

---

[91] Vgl. http://www.sage.de/~/media/markets/de/products/sage-x3/whitepaper_softwareauswahl.pdf?la=de (Stand: 06.02.2017, 11.36 Uhr)
[92] Vgl. http://www.erp-system.de/8-gruende-warum-erp-projekte-haeufig-scheitern/ (Stand: 06.02.2017, 11.40 Uhr)
[93] Vgl. http://www.erp-system.de/8-gruende-warum-erp-projekte-haeufig-scheitern/ (Stand: 06.02.2017, 11.40 Uhr)

daraus abgeleitet, was die zukünftige Software leisten muss. Mit diesem Anforderungsprofil wird ein Lastenheft erstellt, welches den ERP-Anbietern vorgelegt wird.[94] Ein Lastenheft[95] wird auch als Anforderungskatalog bezeichnet und beschreibt demnach alle Anforderungen an ein Produkt bzw. eine Leistung.[96] In der Angebotsphase wird dem Auftragnehmer, in diesem Fall den ERP-Anbietern, das Lastenheft zugesandt, um vergleichbare Angebote zu erhalten.[97] Die geeigneten Anbieter werden dann in einer Shortlist, von noch maximal 6 Auftragnehmern, zusammengetragen. Anschließend werden die ausgewählten Anbieter eingeladen, damit diese ihre ERP-Systeme präsentieren können.[98] Die Präsentation sollte dabei einen möglichst genauen Überblick über die Software bieten und zusätzlich sollten die Anbieter auf die individuellen Anforderungen des Unternehmens eingehen. Schlussendlich werden die Auftragnehmer nach zuvor festgelegten Auswahlkriterien beurteilt und der passende Anbieter ausgewählt. Dementsprechend sollte sich auch ausreichend über die Anbieter informiert werden, bspw. über den Leistungsumfang, den Service und die Flexibilität.[99] Dies kann u. a. über die zur Verfügung gestellten Webseiten geschehen oder über Kundenrezensionen, die bereits diesen Anbieter und dessen System in Anspruch nehmen.

Entscheidend sind folgende fünf wesentliche Schritte und Kriterien, die die Vorauswahl erleichtern:

1. Es müssen, wie oben bereits erwähnt, eigene Anforderungen festgelegt werden. Diese sollten Fragestellungen beantworten können wie bspw. „Was soll das System können und wobei soll es das Unternehmen unterstützen?" „Welche Erwartungen sind damit verbunden und wie lassen sich die Kosten minimieren und Erfolge durch das neue ERP-System maximieren?"[100]

2. Bei der Anbieterauswahl ist es entscheidet zu beachten, auf was der Anbieter überhaupt spezialisiert ist, „Gehört das eigene Unternehmen zur Zielgruppe des Anbieters?" und „Inwieweit bietet er mir, neben der Installation und Realisierung der Software, Unterstützung an?"[101]

3. Anknüpfend an Punkt 2, sollte sich über den Anbieter genau informiert werden, wie flexibel das anvisierte ERP-System ist. Denn dies betrifft zum einen die Anpassbarkeit der Software an die Unternehmensprozesse und zum anderen ist damit ein Blick in die

---

[94] Vgl. http://www.sage.de/~/media/markets/de/products/sage-x3/whitepaper_softwareauswahl.pdf?la=de (Stand: 06.02.2017, 11.36 Uhr)
[95] Vgl. o.V.: Definition Lastenheft/Anforderungskatalog, auf onlinemarketing-praxis.de, 23.02.2017, 13.05 Uhr, http://www.onlinemarketing-praxis.de/glossar/lastenheft-anforderungskatalog
[96] Vgl. Anhang: Anlage 2: Inhalte eines Lastenheftes
[97] Vgl. http://www.sage.de/~/media/markets/de/products/sage-x3/whitepaper_softwareauswahl.pdf?la=de (Stand: 06.02.2017, 11.36 Uhr)
[98] Vgl. http://www.sage.de/~/media/markets/de/products/sage-x3/whitepaper_softwareauswahl.pdf?la=de (Stand: 06.02.2017, 11.36 Uhr)
[99] Vgl. https://www.scopevisio.com/ratgeber/erp-software/erp-system/ (Stand: 21.02.2017, 11.51 Uhr)
[100] Vgl. https://www.scopevisio.com/ratgeber/erp-software/erp-system/ (Stand: 21.02.2017, 11.51 Uhr)
[101] Vgl. https://www.scopevisio.com/ratgeber/erp-software/erp-system/ (Stand: 21.02.2017, 11.51 Uhr)

Zukunft verbunden: „Kann das System auch bei technischen Erneuerungen noch genutzt werden?" „Wann steht ungefähr das nächste große Update an?" „Wie lange ist der
Anbieter schon auf dem Markt und wird er sich auch zukünftig dort halten können?"[102],
„Wenn dies nicht der Fall sein sollte, was passiert dann?".[103] Aufgrund dieser Fragen ist
es sinnvoll, den Anbieter auf seine finanzielle Situation und eventuelle Gerüchte zu überprüfen.

Es ist natürlich schwierig bis fast unmöglich diese Fragen mit einer konkreten Antwort
zu versehen, aber es sind wesentliche Aspekte, über die sich das Unternehmen Gedanken machen sollte.

4. In Verbindung mit der Benutzerfreundlichkeit der Software, sollten sich ebenfalls ge-
fragt werden: „Welche Kosten und welcher Zeitaufwand müssen für die Mitarbeiterschu-
lung einkalkuliert werden?", „Wie hoch ist der Verwaltungsaufwand für die Software?"
und „Erlaubt das neue System z. B. auch, Anpassungen eigenhändig durchzuführen?"[104]

5. Ein ERP-System einzuführen, welches die Daten und Informationen des Altsystems
nicht übernehmen kann, ist nicht empfehlenswert. Die Geschäftsführung muss sich von
vornehrein also stetig fragen: „Lässt sich das gewünschte System über Schnittstellen
mit bereits vorhandenen EDV-Anwendungen verbinden und ist ein Datenaustausch
möglich?"

Daraus ergibt sich die Entscheidung für ein ERP-System, das möglichst viele Bereiche
abdeckt und effektiv unterstützt.[105] Unternehmen, die Schwierigkeiten bei der Beantwor-
tung dieser Fragen haben, sollten vor der finalen Entscheidung den Rat eines unabhän-
gigen Dritten einholen, damit sich das Risiko für eine Fehlentscheidung minimiert. Denn
die Auswahl eines ungeeigneten ERP-Systems, mit einer einhergehenden unausgereif-
ten Planung, stellt gerade für KMU ein hohes finanzielles Risiko dar.

---

[102] Vgl. http://www.sage.de/~/media/markets/de/products/sage-x3/whitepaper_softwareauswahl.pdf?la=de (Stand:
06.02.2017, 11.36 Uhr)
[103] Vgl. https://www.scopevisio.com/ratgeber/erp-software/erp-system/ (Stand: 21.02.2017, 11.51 Uhr)
[104] Vgl. http://www.sage.de/~/media/markets/de/products/sage-x3/whitepaper_softwareauswahl.pdf?la=de (Stand:
06.02.2017, 11.36 Uhr)
[105] Vgl. https://www.scopevisio.com/ratgeber/erp-software/erp-system/ (Stand: 21.02.2017, 11.51 Uhr)

4. Schlussbetrachtung

4.1 Fazit

Um die eingangs definierte Leitthese „Welche Nutzungsmöglichkeiten bieten ERP-Systeme den Unternehmen und wie kann es sie erfolgreich unterstützten?" zu beantworten ist zusammenfassend festzuhalten, dass ERP-Systemen im Grunde dreigliedrig aufgebaut sind:

1. In der Datenbank werden alle für das Unternehmen relevanten Daten und Informationen gespeichert. In der Regel sind dies Daten aus der Kundenkartei, Rechnungsdaten, Informationen über den Lagerbestand, über Preise und Marketingmaßnahmen.
2. Die Anwendungsfunktionen folgen der Logik der Geschäftsprozesse und erleichtern somit den Arbeitsalltag des Unternehmens.
3. Die dritte Ebene ist die Benutzeroberfläche, auf welcher sich die Mitarbeiter bewegen und einhergehend damit arbeiten.[106]

Die primären Funktionen von ERP-Systemen sind genauso vielfältig, individuell und komplex wie die Unternehmen, in denen sie zur Anwendung kommen[107] und sie sind überall dort sinnvoll einsetzbar, wo eine Vernetzung zwischen Warenwirtschaft und Lagerhaltung, zwischen Vertrieb und Service sowie weiterer Unternehmensbereichen geschaffen werden soll. Gerade für kleine Unternehmen und Anbieter von Dienstleistungen ist es besonders wichtig, dass mittels ERP auch die Abrechnung und Rechnungsstellung deutlich schneller erfolgt.[108] ERP-Systeme integrieren somit eine Vielzahl von Geschäftsanwendungen und Betriebsdaten, welche in einer zentralen Datenbank des Unternehmens verarbeitet und gespeichert werden.[109]

Ein leistungsfähiges und geeignetes ERP-System bietet jederzeit einen genauen Überblick über die aktuelle Unternehmensentwicklung. Dadurch unterstützt es die Geschäftsleitung dabei, am Markt erfolgreich mithalten zu können und die Wettbewerbsfähigkeit weiter auszubauen.[110] Eine ERP-Software trägt somit dazu bei, das Wachstum voranzutreiben, schneller auf Veränderungen der Marktanforderungen reagieren zu können und so langfristig erfolgreich zu sein.[111] Zusätzlich fördert die Investition in eine ERP-Lösung

---

[106] Vgl. https://www.scopevisio.com/ratgeber/erp-software/erp-system/ (Stand: 21.02.2017, 11.51 Uhr)
[107] http://www.sage.de/~/media/markets/de/products/sage-x3/whitepaper_softwareauswahl.pdf?la=de
[108] Vgl. https://www.scopevisio.com/ratgeber/erp-software/erp-system/ (Stand: 21.02.2017, 11.51 Uhr)
[109] Vgl. https://www.gob.de/landingpages/wasisterp/
[110] Vgl. http://www.erp-system.de/ (Stand: 06.02.2017, 11.39 Uhr)
[111] Vgl. http://www.sage.de/~/media/markets/de/products/sage-x3/whitepaper_softwareauswahl.pdf?la=de (Stand: 06.02.2017, 11.36 Uhr)

das Prozessdenken der Mitarbeiter, wodurch die Zusammenarbeit über die Abteilungs-
barrieren hinweg vereinfacht wird und die Grenzen überwunden werden.[112] Sie ist somit
der Schlüssel, um das Potenzial der gesamten Belegschaft vollständig auszuschöpfen.
Grundsätzlich stellt sich ein ERP-System nach außen als ein unternehmensweites Infor-
mationsverarbeitungssystem mit einer Datenbank und einer durchgängig einheitlichen
Benutzeroberfläche dar. Diese auf den ersten Blick einfach Idee ist in der Praxis jedoch
sehr schwierig umzusetzen, da dies bedeutet, dass die Anwendungssysteme für alle
Funktionsbereiche des Unternehmens zusammengefasst werden müssen. Deshalb er-
weist sich die Einführung von einer ERP-Software als äußerst komplex. Die Suche nach
einer ERP-Lösung erfordert Zeit, die eigenen aktuellen und zukünftigen Anforderungen
zu definieren und den Markt der Lösungsanbieter entsprechend zu sondieren. Schließ-
lich will ein Unternehmen durch die Wahl der passenden ERP-Lösung seine Ziele erreichen und sich langfristig einen Wettbewerbsvorteil verschaffen.[113] So werden bspw. neben hohen Kosten[114] eine sorgfältige strategische Planung und ein detaillierter Abstim-
mungsprozess zwischen allen Organisationseinheiten vorausgesetzt.[115] Und wie viele
andere Projekte, können auch ERP-Projekte scheitern, die Ursachen sind allerdings vielfältig und sehr unterschiedlich. Im Vordergrund der Entscheidung stehen deshalb zunächst eine genaue Analyse und Festlegung der langfristigen Geschäftsziele, welche
mithilfe des ERP-Systems erreicht werden sollen.[116]

Schlussendlich kann nur das Unternehmen, welches die wichtigsten Hürden kennt,
rechtzeitig gegensteuern und geeignete Maßnahmen einleiten, um einem möglichen
scheitern entgegenzutreten.[117]

4.2 Ausblick

Angesichts von ca. 300 unterschiedlichen ERP-Standardlösungen und geschätzt rund
1.500 branchenspezifischen Lösungen für die betriebswirtschaftliche Software, stehen
die Unternehmen oft vor der sprichwörtlichen Qual der Wahl.[118] Damit sich die Investition
in ein ERP-System auch langanhaltend auszahlt und rentiert, muss die Software exakt

---

[112] Vgl. http://www.erp-system.de/ (Stand: 06.02.2017, 11.39 Uhr)
[113] Vgl. http://www.sage.de/~/media/markets/de/products/sage-x3/whitepaper_softwareauswahl.pdf?la=de (Stand:
06.02.2017, 11.36 Uhr)
[114] Vgl. Laudon Kenneth C., Laudon Jane P., Schoder Detlef: Wirtschaftsinformatik – Eine Einführung, 2. Aktualisierte
Auflage, München 2010, S.490 f.
[115] Vgl. Kurbel Karl: Produktionsplanung und -steuerung – Methodische Grundlagen von PPS-Systemen und Erweiterungen, 4. Auflage, München 1999 S.323
[116] Vgl. http://www.sage.de/~/media/markets/de/products/sage-x3/whitepaper_softwareauswahl.pdf?la=de (Stand:
06.02.2017, 11.36 Uhr)
[117] Vgl. http://www.erp-system.de/8-gruende-warum-erp-projekte-haeufig-scheitern/ (Stand: 06.02.2017, 11.40 Uhr)
[118] Vgl. http://www.erp-system.de/ (Stand: 06.02.2017, 11.39 Uhr)

zur Unternehmensstrategie passen und nicht nur den heutigen, sondern auch den zukünftigen Bedarf abdecken können.[119] Dies gilt gleichermaßen auch für die technologischen Anforderungen und Neuerungen, die sich heute und zukünftig durchsetzen.[120] Nur, wenn die Ziele und die Unternehmensstrategie klar definiert sind, kann die passende ERP-Lösung gefunden und ihre Einführung zum Erfolgsfaktor werden. Grundsätzlich gilt dabei für alle Betriebe: Die Software muss in das Unternehmen passen und nicht umgekehrt.[121] Welches ERP-System für ein Unternehmen am geeignetsten ist, lässt sich ohne Kenntnis der Unternehmensstruktur nicht genau sagen, da es zu den grundlegenden Aufgaben von ERP-Systemen gehört, sich an die vorhandenen Geschäftsprozesse anzupassen.[122]

Letztlich entscheiden die Anforderungen, die von dem jeweiligen Unternehmen gestellt werden, darüber, welches ERP-System infrage kommt.[123]

---

[119] Vgl. http://www.sage.de/~/media/markets/de/products/sage-x3/whitepaper_softwareauswahl.pdf?la=de (Stand: 06.02.2017, 11.36 Uhr)
[120] Vgl. http://www.sage.de/~/media/markets/de/products/sage-x3/whitepaper_softwareauswahl.pdf?la=de (Stand: 06.02.2017, 11.36 Uhr)
[121] Vgl. http://www.sage.de/~/media/markets/de/products/sage-x3/whitepaper_softwareauswahl.pdf?la=de (Stand: 06.02.2017, 11.36 Uhr)
[122] Vgl. https://www.scopevisio.com/ratgeber/erp-software/erp-system/ (Stand: 21.02.2017, 11.51 Uhr)
[123] Vgl. https://www.scopevisio.com/ratgeber/erp-software/erp-system/ (Stand: 21.02.2017, 11.51 Uhr)

5. Quellen und Literaturverzeichnis

Finger Jürgen: Erfolgreiche ERP-Projekte – Ein Rezeptbuch für Manager, 2. Auflage, Straubenhardt 2012

Gubbels Holger: SAP ERP – Praxishandbuch Projektmanagement, 2. Auflage, Wiesbaden 2009

Höllwarth Tobias: Cloud Migration, 2. Auflage, München 2012

Kurbel Karl: Produktionsplanung und -steuerung – Methodische Grundlagen von PPS-Systemen und Erweiterungen, 4. Auflage, München 1999

Laudon Kenneth C., Laudon Jane P., Schoder Detlef: Wirtschaftsinformatik – Eine Einführung, 2. Aktualisierte Auflage, München 2010

Leiting Andreas: Unternehmensziel ERP-Einführung – IT muss Nutzen stiften, Stuttgart 2012

Thesmann Stephan, Burkard Werner: Wirtschaftsinformatik für Dummies, 1. Auflage, Weinheim 2015

Internetquellen

Breitenlechner Teresa, Rieser Manuela, Witting Simone: ERP-System, auf erpge.wordpress.com, 20.02.2017 11.56 Uhr,
https://erpge.wordpress.com/2-erp-systeme/

Breitenlechner Teresa, Rieser Manuela, Witting Simone: Geschichte des ERP, auf erpge.wordpress.com, 20.02.2017 11.55 Uhr,
https://erpge.wordpress.com/2-erp-systeme/2-1-geschichte-des-erp/

Breitenlechner Teresa, Rieser Manuela, Witting Simone: Merkmale eines ERP-Systems, auf erpge.wordpress.com, 20.02.2017, 11.57 Uhr,
https://erpge.wordpress.com/2-erp-systeme/2-2-merkmale/

Filev Andrew: Top-Down- und Bottom-Up-Projektmanagement: Die Vorteile beider Ansätze im Vergleich, auf wrike.com, 24.02.2017, 12.52 Uhr,

https://www.wrike.com/de/blog/top-down-und-bottom-up-projektmanagement-verhaeltnis-der-vorteile-der-beiden-ansaetze/

Lehmann Christian: ERP von A bis Z – Nützliche IT-Begriffe, auf gob.de, 06.02.2017, 11.19 Uhr,

https://www.gob.de/produkte/microsoft-dynamics-nav/erp-von-a-z/?tx_powermail_pi1%5Baction%5D=create&tx_powermail_pi1%5Bcontroller%5D=Form&cHash=abe02c7180262b0bdd4997b8a3a876cb

Ortner Markus: Ratgeber ERP-System, auf scopevisio.com, 21.02.2017, 11.51 Uhr, https://www.scopevisio.com/ratgeber/erp-software/erp-system/

o.V.: abas ERP: mehr als nur eine ERP Software, auf abas-erp.com, 06.02.2017, 11.51 Uhr, http://abas-erp.com/de/ERP-Software

o.V.: Definition Lastenheft/Anforderungskatalog, auf onlinemarketing-praxis.de, 23.02.2017, 13.05 Uhr, http://www.onlinemarketing-praxis.de/glossar/lastenheft-anforderungskatalog

o.V.: ERP PFLICHTENHEFT, auf erp-software-auswahl.de, 06.02.2017, 11.28 Uhr, http://www.erp-software-auswahl.de/erp-pflichtenheft/

o.V.: ERP SOFTWARE FUNKTIONEN, auf erp-software-auswahl.de, 06.02.2017, 11.27 Uhr, http://www.erp-software-auswahl.de/erp-software-funktionen/

o.V.: ERP Systeme – Vorteile und Nachteile, auf informationsmanagement.wordpress.com, 21.02.2017, 11.49 Uhr, https://informationsmanagement.wordpress.com/2012/02/28/erp-systeme-vorteile-und-nachteile/

o.V.: ERP-Überblick – So finden sie die Top-Systeme im Software-Dschungel, auf erpexpert.de, 06.02.2017, 11.44 Uhr, http://erpexpert.de/erp-ueberblick/

o.V.: Schritt für Schritt zur passenden ERP-Lösung, auf sage.de, 06.02.2017, 11.36 Uhr, http://www.sage.de/~/media/markets/de/products/sage-x3/whitepaper_softwareauswahl.pdf?la=de

o.V.: WAS IST EIN ERP-SYSTEM?, auf erp-software-auswahl.de, 06.02.2017, 11.26 Uhr, http://www.erp-software-auswahl.de/was-ist-ein-erp-system/

o.V.: Was ist ERP?, auf softselect.de, 06.02.2017, 11.41 Uhr, http://www.softselect.de/wissenspool/was-ist-erp

o. V.: Was ist ERP und was ist ein ERP-System?, auf gob.de, 06.02.2017, 11.15 Uhr, https://www.gob.de/landingpages/was-ist-erp/

o.V.: Wozu benötigt man ein ERP-System?, auf erp-system.de, 06.02.2017, 11.39 Uhr, http://www.erp-system.de/

o.V.: 8 Gründe warum ERP-Projekte häufig scheitern, auf erp-system.de, 06.02.2017, 11.40 Uhr, http://www.erp-system.de/8-gruende-warum-erp-projekte-haeufig-scheitern/

o.V.: 8 Kosten bei der Einführung eines ERP-Systems, auf erp-system.de, 06.02.2017, 11.40 Uhr, http://www.erp-system.de/kosten-erp-system/

o.V.: 10 GUTE GRÜNDE, UM EIN ERP ANZUSCHAFFEN, auf erp-software-auswahl.de, 06.02.2017, 11.27 Uhr, http://www.erp-software-auswahl.de/10-gute-gruende-um-ein-erp-anzuschaffen/

Anhang

Anlage 1: Der Beschaffungsprozess

Abbildung 1: Der Beschaffungsprozess[124]

Anlage 2: Inhalte eines Lastenheftes

Inhalte eines Lastenheftes

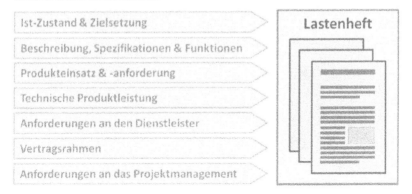

Abbildung 2: Inhalte eines Lastenheftes[125]